Dem Messer die Klinge nehmen

OBJEKTE WIDERSPRECHEN

Über diese Buchreihe

In Zusammenarbeit mit dem Ethnologischen Museum und dem Museum für Asiatische Kunst der Staatlichen Museen zu Berlin hat die Stiftung Humboldt Forum im Berliner Schloss die Schriftstellerin Priya Basil eingeladen, eine Veranstaltungs- und Buchreihe zu kuratieren: *Objekte widersprechen.*

Priya Basil bittet jährlich zwei Autor*innen, sich mit einem Objekt ihrer Wahl auseinanderzusetzen – einem Objekt aus der Sammlungspräsentation oder den Depots der Museen.

Das Projekt steht im Zeichen einer neuen kuratorischen Praxis, die – ergänzend zur laufenden Provenienzforschung – von Transparenz und Dialog über die Sammlungen im Humboldt Forum, die wechselvolle Geschichte des eigenen Standorts und aktuelle globale Themen geprägt ist. Es geht darum, die Herkunftsgeschichte der Objekte zu erforschen und zugleich in einen gegenwärtigen, direkten Austausch mit Vertreter*innen der Herkunftsländer zu treten, damit internationale Vielstimmigkeit zu ermöglichen und museale Praktiken zu verändern.

Cristina Rivera Garza

Dem Messer die Klinge nehmen

Femizid in den Schlamm schreiben

HUMBOLDT FORUM

DIAPHANES

Schneemesser / Geschichtenmesser
Vor 1883
Yup'ik, Alaska
Walrosszahn
33,3 x 3,0 x 4,2 cm
Staatliche Museen zu Berlin, Ethnologisches Museum
Inventarnummer: IV A 3782

Schneemesser, *yaaruin*, wie dieses wurden unter anderem von dem norwegischen Seemann Johan Adrian Jacobsen (1853–1947) gesammelt, der im Auftrag europäischer Museen zahlreiche Expeditionen unternahm. Für das damalige Königliche Museum für Völkerkunde in Berlin, heute Ethnologisches Museum Berlin, reiste er unter anderem nach Alaska und an die Nordwestküste Nordamerikas. Seine Sammlungstätigkeit stand dabei im Kontext der kolonial geprägten Ethnologie des 19. Jahrhunderts und war zudem mit sogenannten Völkerschauen, menschlichen Zoos, verbunden.
Die meist aus Holz, Knochen oder Walrosszahn geschnitzten Messer wurden verwendet, um Geschichten in den Schnee oder in die Erde zu zeichnen. Sie ließen durch Linien und Formen erzählte Szenen lebendig werden. Die Schneemesser sind somit ein wichtiges Medium mündlicher Tradition und der kulturellen Weitergabe von Wissen.

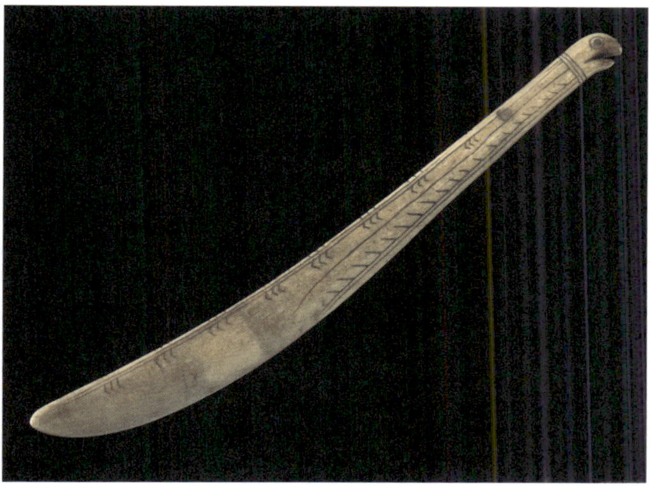

OBJEKTE WIDERSPRECHEN

Objekte haben Stimmen, die wir womöglich nicht wahrnehmen. Literatur hilft uns hinzuhören.

Das Projekt *Objekte widersprechen* stellt die Frage: Inwiefern kann die Literatur neue Geschichten, Fragen und Beziehungen eröffnen, wenn sich Autor*innen mit Museumsarchiven auseinandersetzen?

Zwar gibt es vielversprechende Strömungen, die Wandel und Veränderung bringen, doch die Sammlungen ethnologischer Museen sind und bleiben mit gewaltsamen Kolonialgeschichten und überdauernden Herrschaftspraktiken verknüpft. Noch immer beschränken sich die Informationen zu einzelnen Objekten meist auf das Datum der Entstehung oder des Erwerbs, den Herkunftsort, die Art des Materials, die Sammlerin oder den Spender. Und selbst diese Angaben sind nicht immer korrekt.

Der Archäologe Dan Hicks regt eine Praxis der »Nekrografie« an, ein Graben in der Vergangenheit, um die koloniale Geschichte eines Objekts zurückzuverfolgen.[1] Ein solcher Ansatz könne viel Wertvolles zutage fördern, aber auch dazu führen, dass man »gegen die Grenzen des Archivs anrennt«, schreibt die Literaturwissenschaftlerin Saidiya Hartman. Koloniale Archive bergen ihre eigenen Vorurteile und Verzerrungen. Hartman schlägt ein »kritisches Fabulieren« vor, in dem Geschichte, Theorie und Fiktion verschmelzen, »um überlieferte oder autorisierte Darstellungen zu ersetzen«.[2] Angeregt von diesen Ideen habe ich für *Objekte widersprechen* den Begriff der »Fabulografie« geprägt. In einem Beitrag für *British Art Studies* beschreibe ich die Fabulografie als Einladung, kreativ mit-aus-durch Lücken, Fakten und Fantasie zu arbeiten, um den narrativen Raum, den ein Objekt umgibt, zu erweitern.[3] Fabulografie bedeutet, tief zu graben, schmerzhafte Details freizulegen, aber auch sich zu erheben, zu feiern, zu ehren, neu zu verbinden. Sie macht das künstlerische Schaffen als unverzichtbare Form von Wissensproduktion geltend.

Seit 2021 werden jährlich zwei Autor*innen eingeladen, die im Berliner Humboldt Forum öffentlich gezeigten und in den Depots eingelagerten Sammlungen des Ethnologischen Museums und des Museums für Asiatische Kunst der Staatlichen Museen zu Berlin zu erkunden. Sie wählen ein Objekt aus und reagieren darauf, wie immer es ihnen beliebt – in fiktionaler oder lyrischer Form, mit nicht-fiktionalen Erzählungen oder multimedialen Texten. Anschließend präsentieren sie das fertige Werk bei einer Veranstaltung im Humboldt Forum.

Jetzt widersprechen die Objekte auch in einer Buchreihe und unterstreichen damit Hartmans Appell, »Geschichten als Form der Entschädigung zu betrachten, vielleicht die einzige, die wir je erhalten werden«.[4]

Priya Basil

Aus dem Englischen von
Beatrice Faßbender

1 Dan Hicks, »Necrography: Death-Writing in the Colonial Museum«. In: *British Art Studies*, Nr. 19, 2021. https://doi.org/10.17658/issn.2058–5462/issue-19/conversation (abgerufen am 4.10.2024). | **2** Saidiya Hartman, »Venus in Two Acts«. In: *Small Axe*, Nr. 26, 2008. | **3** Priya Basil, »Writing to Life«. In: *British Art Studies*, Nr. 19, 2021. https://www.britishartstudies.ac.uk/issues/issue-index/issue-19/death-writing-in-the-colonial-museums (abgerufen am 4.10.2024). | **4** Hartman, »Venus in Two Acts«, siehe Anm. 2.

Priya Basil

Vorwort

»Man kann viele Jahre lang ahnungslos sein, aber wenn man etwas wissen will, dann will man auch gleich alles wissen«,[1] schreibt Cristina Rivera Garza in *Lilianas unvergänglicher Sommer.* Das Buch ist Teil ihres Strebens nach Gerechtigkeit für ihre jüngere Schwester Liliana, die mit zwanzig Jahren von einem Ex-Freund ermordet wurde.

Was bedeutet es, *alles* zu wissen, die Wahrheit zu erfahren, was braucht es dazu? Vieles. Mehr, als eine Person allein bewältigen könnte. Weshalb Cristina eine Versammlung einberuft: Liliana, zum Leben erweckt durch die Erinnerungen ihrer Familie, Freund*innen, Lehrer*innen, all jener, die sie kannten und liebten. Liliana, zum Leben erweckt durch feministische Erkenntnisse, rechtliche Rahmen, Zeugenaussagen. Liliana, zum Leben erweckt durch ihr eigenes Archiv aus Tagebüchern, Briefen, Träumen. Und inmitten dieser Polyphonie der Anwesenheit – Brüche, Lücken, Schweigen. Es scheint, als ließen sich manche Arten der Abwesenheit nicht füllen. Auch nicht mit noch so viel Trauer, Sehnsucht, Liebe. Welche Rolle spielt da das Schreiben?

Cristina Rivera Garza wurde in Matamoros, Mexiko, geboren. Sie studierte Soziologie an der Nationalen Autonomen Universität von Mexiko und promovierte anschließend in Lateinamerikanischer Geschichte an der Universität von Houston, wo sie – nach diversen Lehraufträgen andernorts – heute als Distinguished Chair und Gründerin des ersten US-amerikanischen PhD-Studiengangs für Kreatives Schreiben in spanischer Sprache tätig ist. Cristina hat sieben Romane, drei Bände mit Kurzgeschichten, fünf Gedichtbände und fünf literarische Sachbücher veröffentlicht, von denen viele in zahlreiche Sprachen übersetzt wurden. Als Jugendliche begann sie mit dem Schreiben und schrieb immer weiter: »[E]s war meine automatische Reaktion auf eine Zeit, in der Wirtschafts- und Währungskrise, Freiheits- und Demokratiebeschneidung und internationale Kriege das Leben sehr schwer, beinahe wertlos machten. Ich schrieb, wie Liliana, weil ich gar nicht anders konnte.«[2]

Cristinas Werk fand bei der Kritik großen Anklang und wurde mit zahlreichen Preisen geehrt, etwa dem

MacArthur Fellowship, dem Prix Roger Caillois für lateinamerikanische Literatur und dem deutschen Anna-Seghers-Preis. Für *Lilianas unvergänglicher Sommer* erhielt sie 2023 den Pulitzer-Preis. Im Frühjahr 2023 war sie Fellow der American Academy in Berlin und gleich im Anschluss ein Jahr lang Fellow des Berliner Künstlerprogramms des DAAD. Gegen Ende dieses Aufenthalts nahm Cristina die Einladung an, in der Reihe *Objekte widersprechen* mitzuwirken. Diese Beziehung zu Berlin hielt bis ins Jahr 2025 hinein an, als Cristina Curator in Residence des Internationalen Literaturfestivals Berlin war.

»Ich möchte mich gern überraschen lassen«, sagte Cristina bei unserem Treffen im Humboldt Forum zu Beginn ihrer Begegnung mit den Sammlungen. Begleitet wurde sie von ihrem Mann, dem Künstler Saúl Hernández-Vargas, dessen interdisziplinäres Schaffen Malerei, Skulptur, Literatur und Performance umfasst. Nach einem allgemeinen Rundgang durch das Humboldt Forum und einem Besuch der Amerika-Abteilungen zusammen mit verschiedenen Kurator*innen wollte Cristina sich weiter umsehen. Wie wäre es mit *Der Große Rausch*, einem Rundgang zu Objekten, die mit dem Konsum von Drogen in

Verbindung stehen?, schlugen wir vor. Klar! Die Zedern-Ausstellung? Ja. Ein weiteres Treffen mit der Kuratorin? Unbedingt. Der entscheidende Moment staunender Verwunderung fand im Depot in Dahlem statt, als die Kuratorin Monika Zessnik einen riesigen Metallschrank aufschloss, eine Schublade herauszog, einen schlanken Gegenstand aus Walrossknochen hochhielt und sagte: »*Yaaruin*, Geschichtenmesser.« Was für eine verblüffende Wortkombination. *Geschichtenmesser.* Allein die Nennung seines Namens brachte das Objekt zum Sprechen.

Welche Formen kann das Schreiben annehmen? Für Cristina Rivera Garza gehören das Rezensieren, Übersetzen, Transkribieren dazu, Tätigkeiten, bei denen man sich in andere hineinversetzt. Cristinas Bücher erweitern diese Praxis um unzählige Möglichkeiten, indem sie Fantasy, Dokumentarisches, Wissenschaft, Kunst, Manifest, Chronik miteinander verbinden. Dies alles schreibe ich wohl wissend, dass die Aufzählung von Genres, die Verwendung von Etiketten die Großzügigkeit des Unterfangens bereits schmälert. Cristinas Schreiben ist ausladend. Formal mag es schwer einzuordnen sein, thematisch aber gibt es eine Konstante: die Auseinandersetzung mit geschlechtsspezifischer Gewalt aus der Erkenntnis heraus, dass alle Formen von Gewalt miteinander verbunden sind. Ihr gesamtes Werk ist ein einziger Versuch, zu *erfahren*, wie man der immer weiter um sich greifenden Gewalt sowie der daraus resultierenden Scham und Angst begegnet, wie man sie betrauert, überlebt, beendet.

Heute, schreibt sie in *Lilianas unvergänglicher Sommer*, könne sie es »zweifelsfrei benennen [...]: Der einzige Unterschied zwischen meiner Schwester und mir ist, dass ich nie einem Mörder über den Weg gelaufen bin. Das ist der einzige Unterschied zwischen ihr und dir.«[3]

Liliana erfuhr, wie so viele Opfer von Gewalt, innerhalb des juristischen Systems keine Gerechtigkeit. Was ist, wo gibt es dann Gerechtigkeit?, fragt Cristina immer wieder. Ihre Texte machen uns bewusst, dass wir Ungerechtigkeit nicht allein empirisch, intellektuell wahrnehmen – wir wissen, dass sie in unseren Körpern spricht: »Diese Spannung in den Händen. Der verhärtete Kiefer. Das Pochen der Erkenntnis, das die Wirbelsäule runterrauscht«.[4] Drückt sich auch Gerechtigkeit körperlich aus?

Wie? Was sind die Empfindungen, die Gefühle, die Gesten der Gerechtigkeit?

Im Essay »War and Imagination« (Krieg und Fantasie) aus ihrem Buch *Grieving: Dispatches from a Wounded Country* denkt Cristina Rivera Garza darüber nach, wie Gewalt eingesetzt wird, um Angst zu verbreiten, weil Angst politisch nützlich ist: »Eine verängstigte Gesellschaft ist eine Gesellschaft, die den Blick gesenkt hält. Wer Angst hat, handelt nicht. [...] Angst lehrt uns zu misstrauen. Angst isoliert. Angst macht uns wahnsinnig. Die Hände in den Taschen, die Köpfe geneigt, werden die Ängstlichen so zum ultimativen Werkzeug des Status quo.«[5]

Welche Rolle spielt da das Schreiben?

Cristina sagt: »Unsere Aufgabe besteht nicht darin, jemandem den Krieg zu erklären (oder auf eine Kriegserklärung zu reagieren), sondern ein dynamisches und kreatives, emotionales und erfüllendes Alltagsleben zu gestalten – von unten und als Community. Und just dort kommen auf bescheidene, ja diskrete Weise die Worte ins Spiel: die geschriebenen Worte – die Bücher, aus denen sie uns ins Auge springen, und von dort aus weiter in unseren ganzen Körper und in unsere Fantasie hinein. Wer imstande ist, sich etwas vorzustellen, ist immer auch imstande, sich vorzustellen, dass *das hier*, was auch immer *das hier* ist, auch anders sein kann.«[6]

Für *Objekte widersprechen* erdachten Cristina Rivera Garza und Saúl Hernández-Vargas eine vielschichtige Arbeit, die den Fragen nachgeht: Was wird erinnert? Wie? Für wen? Die flüchtigen Striche eines Geschichtenmessers wurden traditionell von jungen Yup´ik-Mädchen in Alaska in die Erde oder in den Schnee gezeichnet, um alte Geschichten nachzuerzählen, die später vom Wind verweht wurden oder in der Sonne schmolzen. Cristina verbindet diese ermächtigende, uralte indigene Praxis mit dem *violentómetro*, einem modernen, in Mexiko entwickelten Tool zur Messung von Fällen häuslicher Gewalt. Die Geschichte der Gewalt gegen Frauen verschwindet immer wieder, obwohl sie ständig aufs Neue erzählt wird. Ob ein Geschichtenmesser wohl dabei helfen könnte, diese Ausradierung rückgängig zu machen? Kann man einem Messer – das so oft zum Instrument der Gewalt wird – die Klinge nehmen?

Cristina verfasste einen atemberaubenden Essay, während Saúl wunderschöne Geschichtenmesser aus Mes-

Cristina Rivera Garza schreibt Lilianas Namen in den Sand, Berlin, Humboldt Forum, 2025

sing und Kupfer anfertigte. Mit einem davon schrieb Cristina Lilianas Namen in die Erde rund um ihr Grab; die dabei entstandenen Filmaufnahmen wurden später als Bestandteil ihres Textes veröffentlicht. »Ein Name ist eine Geschichte«,[7] betont sie, daher sei das Schreiben eines Namens ein Akt der Erinnerung, Ehrung, Liebe. Ein Akt der Liebe, wie James Baldwin es formulierte, »nicht nur im persönlichen Sinn, sondern als Seinszustand oder Gnadenstand – nicht im kindlichen amerikanischen Sinn des Glücklichgemachtwerdens, sondern

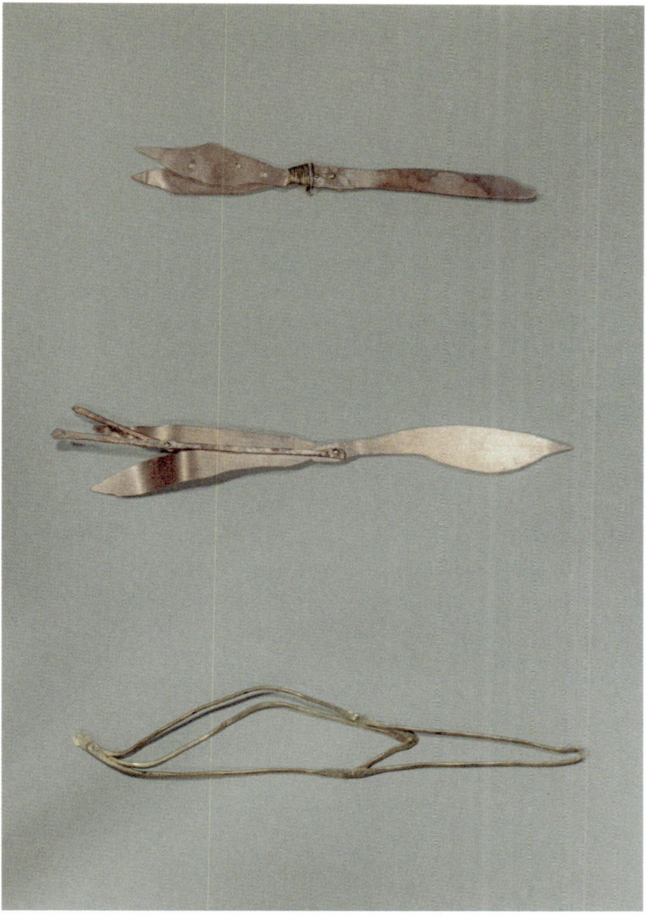

Geschichtenmesser aus Messing und Kupfer von
Saúl Hernández-Vargas

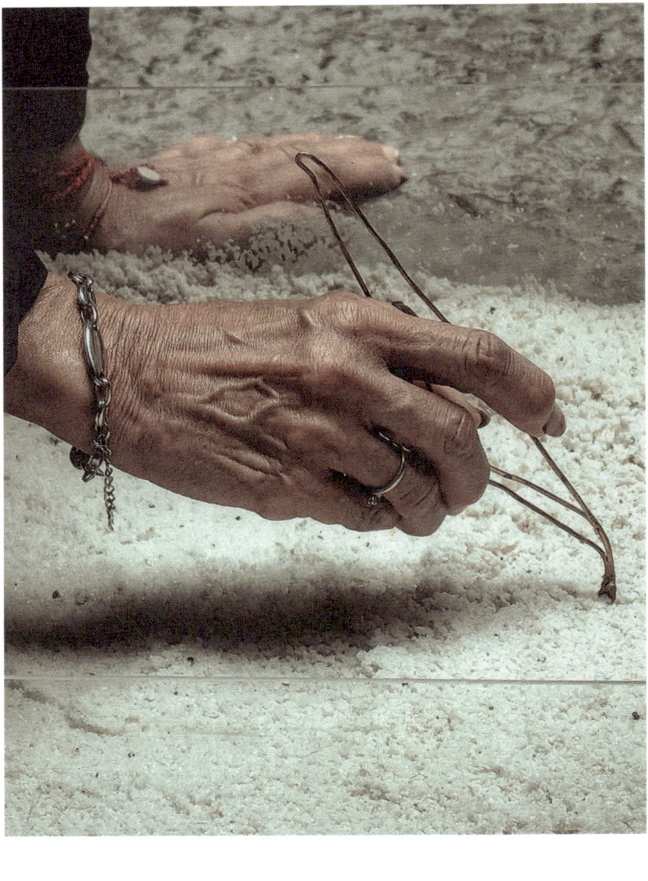

Frauen mit Geschichtenmessern, Patio de los Naranjos,
El Colegio Nacional, Mexico City, 2025

im universellen herben Sinn des Suchens, Wagens und Wachsens.«[8] Für die Präsentation ihrer Arbeit über das Geschichtenmesser im Humboldt Forum stellte sich Cristina mit Tabletts voller Sand als Begleitung zu ihrem Text vor, eine Erweiterung des Manuskripts, ein Ritual, bei dem das Publikum die Namen geliebter Menschen schreiben konnte, die Opfer von Gewalt geworden waren.

Saúl zeichnete für alle visuellen Elemente dieser Installation verantwortlich. Cristinas Sohn, Matías Rivera de Hoyos, komponierte die Musik für den Kurzfilm. Die Lesung und das Ritual *De-Blading the Knife* (Dem Messer die Klinge nehmen) haben bisher in Berlin und Mexico City stattgefunden.

Cristina Rivera Garzas vielgestaltige, multisensorische Arbeit ist zugleich eine Hommage an die Lebensweise der Yup´ik-Mädchen, denen – wie vielen Indigenen Völkern – Musik, Erzählung, Bewegung und Ort als kraftvolle Kombination dienen, die Erinnerungen sowohl in Geist und Körper verankert als auch in dem weiter gefassten Ökosystem, das jede*n von uns umgibt – einem größeren Kollektiv, das alle fühlenden Wesen einschließt. Es ist, als hätte das Geschichtenmesser selbst diese Erwiderung hervorgerufen, und Cristina rief zunächst ihre eigene Community auf, seinem Ruf zu folgen, bevor sie sich einem noch größeren Kreis öffnete.

Mit *Dem Messer die Klinge nehmen* lädt Cristina Rivera Garza dazu ein, uns einmal mehr vorzustellen, wie anders *das hier* sein könnte. Die spirituelle und mnemonische Technik des Geschichtenmessers knüpft an die älteste Wahrheit des Schreibens an: Es muss nicht mit Worten beginnen, es kann aus dem Körper, dem Land, der Community heraus Gestalt annehmen. Es trägt den Klang von Mut und Mitgefühl in sich, es birgt das Licht der Liebe und der Freude. Kann so die Gewalt überwunden werden? Fühlt sich so Gerechtigkeit an?

Aus dem Englischen von

Beatrice Faßbender

1 Cristina Rivera Garza, *Lilianas unvergänglicher Sommer,* aus dem Spanischen von Johanna Schwering, Stuttgart 2025, S. 127. | **2** Ebd., S. 119. | **3** Ebd., S. 25f. | **4** Ebd., S. 274. | **5** Cristina Rivera Garza, »War and Imagination«, in: dies., *Grieving: Dispatches from a Wounded Country*, New York 2020, S. 30f. Übersetzung von Sarah Booker. | **6** Ebd., S. 32f. | **7** Cristina Rivera Garza, »Dem Messer die Klinge nehmen. Femizid in den Schlamm schreiben«, in diesem Band, S. 49. | **8** James Baldwin, »Vor dem Kreuz. Brief aus der Landschaft meines Geistes«, in: ders., *Nach der Flut das Feuer*, aus dem Englischen von Miriam Mandelkow, München 2020, S. 104.

Cristina Rivera Garza

Dem Messer die Klinge nehmen

Femizid in den Schlamm schreiben

Schlamm

Es ist schwer, in lose Erde zu schreiben. Das Geschichtenmesser gleitet in den Boden und hinterlässt eine Spur, die für einen kurzen Moment eine Form annimmt. Doch schon bald zerfällt diese Form, die eigentlich bloß ein Loch ist, unter der Last der bröckelnden Erde. Das Loch füllt sich und die Form, die ein Buchstabe war, verschwindet. In die Erde schreiben ist Auslöschen. Damit die Buchstaben bleiben und Worte bilden, zusammenhängende Phrasen oder ganze Sätze, muss man Wasser hinzufügen und Schlamm erzeugen. Schlammhaltige Sümpfe, Moore und Marschlande wurden seit jeher als öde Wildnis verunglimpft, als unberührte und gesundheitsgefährdende Landstriche. Aus der Trennung des Schlamms in seine Grundbestandteile – Wasser und Erde – sind die ersten Staaten hervorgegangen. Sümpfe und Moore und Marschlande mussten trockengelegt werden, um Ackerland zu gewinnen und Ebenen, die es den Menschen erlaubten, sesshaft zu werden. Schlamm, in dem die Schrift keimen kann und mit ihr die Erinnerung, an der wir festhalten, wurde ausgegrenzt.

Da, im Schlamm, haben wir geschrieben.

Da, im Schlamm, wollen wir wieder schreiben.

Geschichtenmesser

Ein Besuch in den Depots des Ethnologischen Museums in Berlin kann Schwindel verursachen. Die Objekte, die hier in staubbedeckten Regalen oder geschützten Vitrinen wohnen, blicken uns, die wir uns ihnen reuevoll nähern, aus wundersam starren, erstaunten, ewig wachsamen Augen entgegen. Da sind Objekte, die einen erschaudern lassen, zum Beispiel die riesigen Büffelhäute, auf denen winzige Figürchen lange, verwobene, blutige Geschichten vom Genozid im Westen der Vereinigten Staaten erzählen. Andere lösen ein plötzliches Erröten aus, einen Anflug von Zärtlichkeit: die Lehmfiguren, die in komplexen Posen überliefern, wie die Ahnen Geschlechtsverkehr hatten. Die leuchtend bunten Kachinas mit antennenartig aufragendem Federschmuck fordern unser Zeitverständnis heraus: Kommen diese den Hopi heiligen Wesen aus einer längst vergangenen Epoche oder sind sie Teil einer Zukunft, die wir vielleicht nie erleben werden? Nach und nach wenden wir uns ab von den großen Objekten, die durch Plünderung und Raubzüge in diese Wunderkammern des Kolonialismus gelangt sind, und lassen uns wie selbstverständlich, vielleicht wider Erwarten, in den Bann der kleinsten Dinge ziehen, jener unbedeutenden Alltagsgegenstände, die Abertausende von Händen so oft berührt, wutentbrannt gepackt, ehrfürchtig ergriffen, liebkost und trotzig festgehalten haben, dass der viele Kontakt sie abgeschliffen hat. Ziehen uns diese Gegenstände des privaten Gebrauchs an, weil sie uns Fragen von Macht und Herrschaft, Ausbeutung und Souveränität zu umgehen helfen, oder wollen wir sie berühren, weil sie genau diese Fragen aufwerfen, bloß von der Schnittstelle von Fleisch und Körper, von Haut und Berührung aus?

Eine Hand ist ein Schlüssel. Oft braucht es nur eine Berührung, um Geschichten freizulegen, die verborgen waren oder direkt auf der Oberfläche der Dinge schlummerten. Um Berührungen zu ermöglichen, setzen Gegenstände bestimmte Bewegungen und Winkel voraus, die nur Eingeweihten vertraut sind, millimetergenaue Abläufe von Knochen und Knorpel und Muskel, wieder und wieder ausgeführt in komplexen Choreographien, die Können, Reibung, Zusammenarbeit erfordern – das ausgeklügelte Geben und Nehmen des Alltäglichen. Es ist eine Zeremonie, eine geschichtsträchtige Kette von Gesten. Die Hand der Gegenwart wandert blind umher, nähert sich und grätscht in Rituale hinein, die andere vor langer Zeit schlicht als Arbeit, Handwerk, Zeitvertreib, Leben gekannt haben mögen. Damit Berührung stattfinden und gedeihen kann, muss die Hand den Gegenstand gewähren lassen, seinen Schwingungen und Zeichen nachgeben. Seiner Geschichte. Körper haben keine Alternative: Sie folgen den dezenten Anweisungen, die dem Objekt innewohnen, und kopieren Bewegungen, wie unbequem oder ungewohnt sie auch sein mögen, um der Vergangenheit die Hand zu reichen. Keine Berührung ist unschuldig. Takt erzeugt Takt, ein Widerhall, der die Fesseln der Gegenwart löst und im Hier und Jetzt Raum schafft für die gewaltvoll zum Schweigen gebrachten Energien und Perspektiven anderer. Das ist die Kraft der Einfühlung. Weniger eine wehmütige Begegnung mit Vergangenem, eher ein Verweilen, das komplexe Gefüge aus Anstrengung und Erstaunen, Solidarität und Vorstellungsvermögen zum Leben erwecken kann.

Geschichtenmesser sind Werkzeug und Kunstwerk zugleich. Wenn sie in unserer Handfläche landen, so klein und scharf, die Seiten mit symmetrischen schwarzen Linienmustern verziert, bringen sie uns die Stimmen von Mädchen mit, die aufgeregt Skizzen in den Schnee zeichnen und damit warnende Erzählungen untermalen. Ihre am Boden kauernden Körper werden langsam lebendig, ihre Arme strecken sich, die Hände umfassen geschickt das Geschichtenmesser und stechen es in den Schnee. Hörst du ihre Ausgelassenheit, die von weit her kommt und diese triste und nüchterne Atmosphäre im Depot erhellt? Die Yup´ik-Mädchen aus dem Südwesten Alaskas nehmen vor unseren Augen Gestalt an, rennen spontan und schwungvoll durch die Hallen, werfen Objekte um, spielen Verstecken im Labyrinth der Zeit. Ihr Lachen ist klingend und klar. Ihre Stimmen sind heiter in unseren Ohren. Ihr Gang ist entschlossen. Die Aufregung, die das Geschichtenerzählen auslöst, flutet das Depot: Wortwellen schlagen gegen die Vitrinenschränke und erquicken unsere Haut. Wir sind nicht in Berlin, sondern weit weg, in der Arktis, unter einem bedeckten Himmel voller Vorzeichen. Wir sind Mädchen, die die Geschichte eines anderen erzählen und zugleich unsere eigene, uns selbst, in die Erdoberfläche einschreiben. Für immer.

Yaaruin, flüstern sie, und zeigen auf das Messer in ihrer Hand. Dann verklingen ihre Stimmen langsam unter der Last der Distanz, ihre Bernsteinfarbe schimmert kaum noch durch den Staub. Eine

Stimme beharrt auf: Knochen. Holz. Marmor. Karibu-Horn. Eine andere schlägt vor: rostfreier Stahl. Aluminium. Die Mädchen lachen, als hätten sie einen albernen Scherz gehört, sehen einander an und schielen dann zu uns. Und schließlich folgen sie einer Tradition, die ihnen in ihr Innerstes übergegangen ist, und wischen die Geschichte mit der flachen Seite der Klinge fort.

Für immer.

Wie unsere Ahnen es uns lehren

So machen es die Yup´ik-Mädchen: Sie schreiben unter freiem Himmel, verwandeln die Landschaft in Seiten eines Buchs aus Materie und Erinnerung. Sie treffen sich draußen zu verabredeten Zeiten, gehen gemeinsam durchs Dorf und ruhen nicht, bis sie einen geeigneten Platz am Flussufer oder einen Flecken Schnee finden, der ihre Geschichtenmessererzählung bereitwillig aufnehmen wird. Da, am Ortsrand, hocken und knien sie, werfen sich der Länge nach auf die feuchte Erde und die Beine in die Luft. Sie schärfen ihre Sinne: die Augen wachsam;

die Ohren erwartungsvoll; die Hände bereit, mit der Zunge zusammenzuarbeiten. Einatmen, ausatmen. Fast bereit. Sie umfassen das Geschichtenmesser, das ein Geschenk aus der Familie war – von einer liebenden Großmutter, einem Onkel, dem an der Tradition liegt, einer Schwester, die ein bisschen zu alt ist, um noch Kinderspiele zu spielen –, und beginnen.

Ein Mädchen macht den Anfang.

Die Geschichten sind vielfältig. Der Streit zweier Jungen löst ein legendäres Massaker aus. Ein Mädchen geht zu weit von zu Hause fort und wird von einem Sturm verschluckt. Ein paar rebellische Mädchen ziehen den Zorn des Raben auf sich, ihres Trickster-Gotts. Die Lehren sind eindeutig: Prügele dich nicht. Höre auf deine Eltern. Benimm dich. All diese Geschichten beginnen unweigerlich mit dem Bild des Zuhauses, in dem sich Spuren schöner Möbel abzeichnen, von Haus- und Arbeitsgeräten, die klaren Formen von Fenstern und Türen. Kleine Figuren erwachen im Schlamm oder im Schnee und treiben die Erzählung voran, sie verkörpern die Worte, die die

Linien am Boden andeuten und von dem Mädchen mit dem Geschichtenmesser ausgesprochen werden. Die heilige Allianz von Diskurs und Rede beschwört ein Schreiben herauf, das durch Körper und Territorium geht, die im Sinne der Tradition zusammenarbeiten.

In diesem Buch aus Materie und Erinnerung werden keine Seiten umgeblättert. Es gibt auch kein Zurück in diesem so kindlich anmutenden Mädchenspiel. Wenn die Geschichten sich entfalten und miteinander verwoben werden – und Geschichten werden immer miteinander verwoben –, verlangt die Erzählung mit dem Geschichtenmesser Auslöschung. Damit die Geschichte weitererzählt werden kann, müssen die Mädchen die Kerben im Boden verwischen und durch neue ersetzen. Sie müssen Raum schaffen für eine neue Szene. Etwas zerstören, um etwas Neues zu schaffen. Ganz von vorn beginnen. Aber beginnt man denn jemals ganz von vorn? Verliert sich das Gelöschte, das von Schlamm oder Schnee Bedeckte, denn wirklich? Der mexikanische Schriftsteller José Revueltas schreibt, dass ein

Territorium nie eine Tabula Rasa ist. Von Begi[illegible] radikal geteilt, bewahrt das Territorium seine Lebensformen in Erinnerungsschichten, die zugleich auch Zeitschichten sind. Das Territorium verwahrt, archiviert, konserviert. Die überlagerten Kerben werden zu geologischer Zeit. Die wieder und wieder geschlagene Kerbe wird zu einer körperlichen Bewegung, zu angespannten Muskeln, Nackenschmerz oder reiner Biegsamkeit. Als materielle Überlieferung stehen das territoriale und das körperliche Gedächtnis in einem Spannungsfeld und zerren aneinander von der Kindheit bis zum Tod.

Doch jede Geschichte hat ein Ende, auch die, die energisch mit dem Geschichtenmesser in den Schlamm geritzt und routiniert wieder verwischt wird. Der Satz, mit dem die Mädchen ihre Erzählungen beenden, »Wie unsere Ahnen es uns lehren«, fungiert als Unterschrift oder klare Richtschnur, die einen Schluss anzeigt, aber auch als Brücke zu einer etablierten Tradition. Könnte er auch ein Portal sein? Wenn die Yup´ik-Mädchen ihr Zuhause verlassen und den Grenzraum nebliger Flussufer oder weite Schneefelder betreten, träumen sie da je von Geschichten, die andere, fremde Welten beschreiben? Gibt es in all diesen Erzählungen voller Ermahnungen, Ratschläge und Warnungen Raum für andere, weniger angepasste Geschichten? Sind denn all diese Mädchen so brav?

Ein Mädchen kommt zum Ende.

Das Schreiben, das durch den Körper geht und das Territorium erreicht, mag vergänglich sein, ständiger Auslöschung ausgesetzt, aber die Wiederholung, die zugleich Kollaboration und Komplizenschaft ist, macht es konsistent. Hocken wir beim Schreiben denn nicht alle am Ufer der Erinnerung und zeichnen emsig Buchstaben, in der Hoffnung, dass andere sie aufgreifen und wieder zum Leben erwecken? Sind wir denn nicht die unangepassten Nachkommen dieser Yup´ik-Mädchen, die ein ums andere Mal ihre Geschichtenmesser geschwungen haben, um Erzählungen lebendig werden zu lassen, die vergraben, aber niemals tot waren? Ist nicht jedes Schreiben in den Schnee der Zeit gezeichnet, im Kampf gegen das Vergessen und das Schweigen, im Dienst der kollektiven Erinnerung, immer Rand des Scheiterns? Ist nicht alles, was wir sch ben, fortwährend von Auflösung, Auslöschung, V schwinden bedroht?

Femizid

Im Januar 2025 nutzte der argentinische Präsid Javier Milei seine Teilnahme am Weltwirtschafts rum in Davos, um bekanntzugeben, dass seine Re rung den im Jahr 2012 formulierten Straftatbest des Femizids wieder aus dem Strafgesetzbuch sei Landes streichen werde. In Mexiko und anderen teinamerikanischen Ländern war es einer starken ministischen Bewegung zu verdanken, dass die talste Form der Gewalt gegen Frauen – die Tötu einer Frau auf Grund ihres Frauseins – klar als mizid identifiziert und benannt wird, als Mord geschlechtsbezogenem Motiv. Den Begriff des Fe zids in der öffentlichen Debatte und vor allem au in den Strafgesetzbüchern von 30 Ländern weltv zu verankern (19 davon in Lateinamerika und acht in Europa, Deutschland zählt nicht dazu), st das lange vorherrschende patriarchale Narrativ in Frage, das mittels des in der Alltagssprache ebenso wie vor Gericht verbreiteten Begriffs »Beziehungsdrama« beharrlich die Opfer in die Verantwortung gezogen und die Täter immer wieder entlastet hat. Es ist also kein Zufall, dass rechte Kräfte, die den Feminismus zu einem der größten Feindbilder unserer Zeit erklärt haben, unermüdlich dafür kämpfen, jegliche Errungenschaft für die Gleichberechtigung der Geschlechter wieder auszumerzen. In den Vereinigten Staaten war die Aufhebung der Grundsatzentscheidung Roe vs. Wade vom 24. Juni 2022, die das Recht auf Abtreibung garantierte, ein Rückschlag für die Frauenrechte und zeigt, dass die Auslöschung erkämpfter Rechte nicht nur eine diffuse Bedrohung, sondern unverhohlen praktizierte Realität ist. Die Botschaft ist deutlich: Frauenrechte sind niemals sicher. Mit der flachen Seite der Klinge der Macht können Gesetzestexte ebenso ausgelöscht werden wie die warnenden Geschichten der Yup´ik-Mädchen. Vielleicht sollten wir genau wie die Yup´ik-Mädchen diese Worte immer wieder von neuem in den Schlamm oder den Schnee, auf Papier oder den Bildschirm schreiben, damit die Erinnerung Bestand hat und eine gleichberechtigte und respektvolle Zukunft für alle möglich ist.

Wir müssen beharrlich bleiben.

Die offiziellen weltweiten Femizidraten sind erschütternd: Während in Ländern wie Mexiko oder Honduras jeden Tag zehn Frauen tödlicher geschlechtsspezifischer Gewalt zum Opfer fallen, werden in den Vereinigten Staaten täglich drei Frauen von ihren Intimpartnern ermordet. Die Zahlen mögen sich unterscheiden, aber das Ausmaß ist unbestritten und das individuelle Leid überall gleich groß. Wie die Intellektuelle und Aktivistin Rita Segato ausgeführt hat, erleben wir einen weltweiten Krieg gegen Frauen, der mit der Ausbeutung häuslicher Arbeit beginnt, von extremer Ungleichheit in Arbeitswelt und Bildung getragen wird und seine schlimmste Form in all den Facetten von Gewalt annimmt, die gefährlich häufig als Ausdruck romantischer Zuneigung missverstanden und normalisiert werden. Die modernen Gesellschaften haben eine extreme Toleranz gegenüber dem Leid von Frauen entwickelt.

Es war nicht leicht, eine Sprache zu finden, die klar und empathisch genug ist, um die Geschichten geschlechtsbezogener Gewalt aus Sicht der Frauen und ihrer Verbündeten zu erzählen. In Mexiko hat es Jahre gedauert, bis die Wissenschaftlerin Martha Tronco Erhebungen und Analysen auswerten konnte, die 2019 zur Entwicklung des *violentómetro* führten, einem Instrument, das es den Menschen ermöglicht, geschlechtsspezifische Gewalt zu identifizieren und sich vor deren Ausprägungen zu schützen, die vor allem in ihren frühen Stadien häufig unbemerkt bleiben. Über eine vertikale Skala, deren Farbverlauf die steigende Gefahrenlage veranschaulicht, macht das *violentómetro* Stufen geschlechtsspezifischer Gewalt sichtbar, beginnend bei verbaler Gewalt über Kontrolle, öffentliche Demütigung und Schläge bis hin zu Vergewaltigung und schließlich Femizid. Etwas Ähnliches hat die Gesundheitsexpertin Jacquelyn Campbell mit ihrem sogenannten *Danger Assessment* in den Vereinigten Staaten bereits

1986 entwickelt, als sie ihre eigene Arbeitserfahrung in Krankenhäusern, Informationen von Frauenhäusern und Daten der Ermittlungsbehörden zu häuslicher Gewalt für einen Fragebogen zusammentrug, mit dessen Hilfe häusliche und partnerschaftliche Gewalt besser identifiziert und diesen vorgebeugt werden soll. Die Begrifflichkeiten, die diesen und anderen Gefahrenwarninstrumenten zu Grunde liegen, haben es einer stetig wachsenden Anzahl von Frauen ermöglicht, die Gefahr machistischer Gewalt zu erkennen und rechtzeitig auf sie zu reagieren. Dieselben Begrifflichkeiten haben die Türen für Geschichten von geschlechtsspezifischer Gewalt geöffnet, die die Grenzen der herrschenden patriarchalen Narrative überschreiten – oder sich diesen im direkten Kampf entgegenstellen.

Aber die Gefahr besteht nach wie vor; die Gefahr des Femizids ebenso wie die Gefahr der Auslöschung von Gesetzen und Erzählungen, die Frauen vor Femizid schützen. Wollen wir gemeinsam unsere Version des Geschichtenmessers in die Hand nehmen, um Geschichten in den Boden zu zeichnen, die dem patriarchalen Joch entkommen? Ist es möglich, weltweit Initiativen zu bündeln, um die Namen all der Frauen auf Papier oder am Bildschirm oder in der Erde festzuhalten, die wir an die tödlichste Form geschlechtsbezogener Gewalt verloren haben?

Wiedergut(Sichtbar)Machung

BUNDESSTRAFGESETZBUCH, 14. Juni 2012, MEXIKO

NEUNZEHNTER TITEL
Straftaten gegen das Leben und die körperliche Unversehrtheit

Abschnitt V
Femizid

Artikel 325
Die Straftat des Femizids begeht, wer einer Frau mit einem geschlechtsbezogenen Motiv ihr Leben nimmt.

Ein geschlechtsbezogenes Motiv liegt vor, wenn einer der folgenden Umstände zutrifft:

1. Das Opfer weist Anzeichen sexueller Gewalt jedweder Form auf;
2. Dem Opfer wurden vor oder nach der Tötung Verletzungen oder Verstümmelungen entehrender oder entwürdigender Art zugefügt oder an ihm wurden nekrophile Handlungen begangen;
3. Es liegen Beweise oder Hinweise aus dem familiären, beruflichen, nachbarschaftlichen, politischen oder schulischen Umfeld über jedwede Art von Gewalt des Täters gegen das Opfer vor;
4. Zwischen Täter und Opfer bestand Bluts- oder Wahlverwandtschaft oder eine emotionale, freundschaftliche, berufliche, schulische oder sonstige Vertrauens- oder anderweitige Beziehung;
5. Es gibt Beweise für direkte oder indirekte Gefährdungen, die in Bezug zur Tat stehen, Nötigung oder Körperverletzung des Täters gegen das Opfer;

6. Das Opfer wurde isoliert oder gefangen gehalten, unerheblich für wie lange vor der Tat;
7. Der Körper des Opfers wurde an einem öffentlichen Ort zur Schau gestellt, abgelegt oder entsorgt oder
8. Der Täter hat das Opfer zu Handlungen oder Arbeiten gezwungen oder es auf andere Weise ausgebeutet.

Wer die Straftat des Femizids begeht, wird mit einer Freiheitsstrafe von vierzig bis sechzig Jahren und mit fünfhundert bis eintausend Tagessätzen Geldstrafe belegt.
Die Strafe erhöht sich um bis zu einem Drittel, wenn das Opfer minderjährig, schwanger, im Rentenalter, körperlich oder geistig beeinträchtigt ist, ebenso, wenn der Täter im Staatsdienst steht und die Tat im Dienst verübt hat.
Neben den hier aufgeführten Strafen verliert der Täter jegliche Rechte in Bezug auf das Opfer, das Erbrecht eingeschlossen. Sofern er darüber verfügte, verliert der Täter auch jedes Recht

in Bezug auf die Kinder des Opfers. Das Kinderschutzgesetz steht über dem Elternrecht des Täters.

Ein Staatsdiener, der absichtlich oder fahrlässig die Strafverfolgung oder Rechtsausübung verzögert oder behindert, wird mit einer Freiheitsstrafe von drei bis acht Jahren sowie mit fünfhundert bis eintausendfünfhundert Tagessätzen Geldstrafe belegt. Er wird außerdem vom Dienst suspendiert und darf für drei bis zehn Jahre kein Staatsamt mehr ausüben und keine Stelle im öffentlichen Dienst bekleiden.

…

BUNDESSTRAFGESETZBUCH, 14. Juni 2012, MEXIKO

NEUNZEHNTER TITEL

Straftaten gegen das Leben und die Unversehrtheit

Abschnitt V

Femizid

Artikel

Die Straftat begeht, wer einer Frau mit einem Motiv ihr Leben nimmt.

Ein Motiv liegt vor, wenn einer der folgenden Umstände zutrifft:

1. Das Opfer

2. Dem Opfer wurden vor oder nach der Tötung

oder

nekrophile Handlungen ;

3. Es liegen aus dem familiären, beruflichen, nachbarschaftlichen, politischen oder schulischen Umfeld des Täters gegen das Opfer vor;

4. Zwischen Täter und Opfer bestand Bluts- oder Wahlverwandtschaft oder

anderweitige

Beziehung;

5. Es gibt Beweise für direkte oder indirekte

des Täters

gegen das Opfer;

6. Das Opfer wurde isoliert oder gefangen gehalten, unerheblich für wie lange vor der Tat;

7. Der wurde an einem öffentlichen Ort zur Schau gestellt, abgelegt oder entsorgt oder

8. Der Täter hat das Opfer zu Handlungen oder Arbeiten gezwungen oder es auf andere Weise

und mit fünfhundert bis eintausend Tagessätzen Geldstrafe belegt.

Die Strafe

das Opfer minderjährig, schwanger, im Ren-

tenalter, körperlich oder geistig beeinträchtigt ist, ebenso, wenn der Täter im Staatsdienst steht und die Tat im Dienst verübt hat.
Neben den hier aufgeführten Strafen der

. Das Kinderschutzgesetz steht über dem Elternrecht des Täters.

Ein Staatsdiener, der absichtlich oder fahrlässig die Strafverfolgung oder Rechtsausübung verzögert oder behindert, wird mit

außerdem vom Dienst suspendiert und darf für drei bis zehn Jahre kein Staatsamt mehr ausüben und keine Stelle im öffentlichen Dienst bekleiden.

...

BUNDESSTRAFGESETZBUCH,

Straftaten gegen das Leben und die

Unversehrtheit

Ein wenn

einer der folgenden Umstände zutrifft:

1.

jedweder Form ;

2. vor oder nach der Tötung

oder

nekrophile Handlungen ;

3. Es liegen aus dem familiären, beruflichen, nachbarschaftlichen, politischen oder schulischen über jedwede Art von Gewalt

vor;

4. Zwischen bestand Bluts- oder Wahlverwandtschaft oder eine

5. Es gibt für direkte oder indirekte

, die in Bezug zur Tat stehen,

gegen

das

6. Das

, unerheblich für wie lange vor der

7. Der wurde an einem öffentlichen Ort zur Schau gestellt, abgelegt oder entsorgt oder

8. Der zu Handlungen oder Arbeiten gezwungen oder es auf andere Weise

Wer begeht, wird mit

einer

und

belegt.

Die um bis zu einem Drittel,

wenn das Opfer

ist, ebenso, wenn der im Staatsdienst

steht und die Tat im Dienst verübt hat.

Neben den hier aufgeführten der

, das

Erb eingeschlossen. Sofern er darüber verfügte, verliert der Täter auch jedes Recht in

Bezug auf .

steht über .

Ein Staatsdiener, der

die Strafverfolgung oder Rechtsausübung

, wird mit einer

. Er wird außerdem

und darf

keine

Stelle

Liliana

Ein Name ist eine Geschichte. Für alle, die ihn kennen, die ihn genussvoll oder melancholisch auf der Zunge und unter dem Gaumen tragen, birgt der Name einer Person den Schlüssel, der die Tür zu einer anderen Welt öffnet. Einen Namen aussprechen ist der erste Zugang zu einem ganzen Leben. Lilianas Namen in die Erde zu schreiben, die ihr Grab bedeckt, war deshalb mehr als eine bloße Geste. Es war eine Enthüllung.

Liliana Rivera Garza ist der Name meiner kleinen Schwester, deren Femizid am 16. Juli 1990, als sie 20 Jahre alt war, das Herzstück meines Buches *Lilianas unvergänglicher Sommer* bildet, das 30 Jahre nach diesem Verbrechen veröffentlicht wurde. Sie studierte Architektur an der Universidad Autónoma

Metropolitana in Mexiko-Stadt, und sie war eine strahlende, kluge und schlagfertige junge Frau, die ihre Autonomie und ihre freie Art zu lieben leidenschaftlich verteidigte. Trotz eines Haftbefehls gegen Ángel González Ramos, den damaligen Ex-Freund meiner Schwester, konnte dieser fliehen und wurde bis heute nicht für sein Verbrechen belangt. Wie in mehr als 95 Prozent der Femizid-Fälle in Mexiko hat es auch hier keine Gerechtigkeit gegeben.

An einem sonnigen Mittag Anfang März fuhren wir zum Friedhof, auf dem meine Schwester liegt, Jardines del Descanso. Wir unterhielten uns leise, während wir die von Weiden gesäumte Calzada al Pacífico entlangfuhren, die zum Nevado de Toluca führt, einem schlafenden Vulkan, der den indigenen Gemeinden des zentralmexikanischen Hochlands als heilig gilt. Wir hatten Blumen dabei und ein Geschichtenmesser aus Holz, nur an Wasser hatten wir nicht gedacht. Die Wintermonate im Hochland sind bekannt für ihre Trockenheit und schneidend klaren blauen Himmel. Keine Wolke in Sicht. Es wehte ein böiger, rauer Wind. Das gelbliche Gras zu unseren Füßen ließ uns glauben, die Zeit sei plötzlich stehen geblieben. Auf der Suche nach dem Grab meiner Schwester liefen wir hügelauf und -ab und traten dabei versehentlich auf fremde Grabsteine am Boden. Als wir vor Lilianas Grab standen, fühlte die Stille sich heilig an. Dann fanden wir wieder zurück. Wasser, sagten wir. Wir brauchen Wasser. Der Friedhof war zu dieser Tageszeit menschenleer. Wir sahen uns um und erblickten nichts als welke Blumen, streunende Hunde und quietschende Windrädchen, die dem Kommando der Böen gehorchten. Waren wir gestorben, ohne es zu merken? Die beiden grauhaarigen Frauen erschienen aus dem Nichts wie ein Trugbild. Wir baten sie um den alten Plastikeimer, den sie zum Wässern eines Grabes nutzten, und sie nickten freundlich und beachteten uns kaum. Waren sie Engel oder Geister oder einfach wir selbst in ferner Zukunft? Wir wurden uns nicht einig. Es dauerte eine Weile, bis wir das Becken fanden, in dem schmutziges Wasser unter einem grünen Algenfilm verborgen lag. Und dann mussten wir den Eimer ein paar Mal den Hang hochschleppen. Jahr um Jahr haben wir es so gehandhabt: Wasser über den Granitstein gießen, der ihren Namen trägt, das Rechteck aus Gras gießen, unter dem ihr Grab liegt, und die Vase füllen, in die wir die Blumen stellen. Diesmal strichen wir ein ums andere Mal über das Grab, nachdem wir das Gras ausgerupft hatten, um eine glatte, gleichmäßige Fläche zu schaffen, wie eine Tafel oder einen Spiegel aus Schlamm.

Auf dem Boden kniend, zog ich die ersten Schnitte in die Erde, während meine langjährige Freundin Amaranta Caballero Prado, eine Dichterin und bildende Künstlerin, die Szene filmte. Bald stieß das Geschichtenmesser auf Steine und Graswurzeln. Ich musste beharrlich sein. Ich musste tiefer schneiden, damit aus der feinen Rille in der Erde ein Buchstabe werden konnte. Ich zog das Geschichtenmesser durch die Erdoberfläche, um ihr eine Spur einzuschreiben. Doch es wollte mir nicht gelingen, die Erde zerbröckelte immer wieder, und ich umfasste das Messer fester, wie einen Hammer oder ein Skalpell. Aber meine Mühe fruchtete nicht: Kaum hatte die trockene Erde sich geöffnet, fielen die Erdklumpen wieder in sich zusammen und füllten die Buchstabenrillen wieder auf.

Wie schwierig es ist, in lose Erde zu schreiben.

Wie schwierig es ist, zu schreiben.

Mehr Wasser, sagten wir nach einer Weile. Wir brauchen mehr Wasser, wiederholten wir und wollten uns das Scheitern noch nicht eingestehen. Unsere Haare waren schon zerzaust, die Gesichter gerötet, die Münder bitter und trocken. Aus dem Wasser stieg ein fauliger Gestank auf, der uns zusetzte, aber wir gaben nicht auf. Schweigend machten wir eine Pause, während die Sonne in ihrem Zenit stand und uns erbarmungslos zu beobachten schien. Immerwährende Statuen. Gibt es ein Wort für diese plötzliche Starre, die die Ränder der Seele zu packen und zu schütteln scheint? Dann erwachten wir. Wir streiften die Friedhofswege entlang, bis wir eine kleine rostige Dose fanden, die uns unverhofft den Tag retten würde. Wird das ausreichen, um die Erde zu befeuchten, fragten wir uns. Wir schöpften Wasser aus dem Eimer und sprenkelten es vorsichtig über die Erde auf dem Grab. Das plötzliche Gefühl von Kindheit, die körperliche

Wonne, als unsere Hände die Elemente vermischten, bis wir einen dichten, samtweichen Schlamm geschaffen hatten. Eine Tafel. Einen Spiegel. Einen Rahmen. Hier wird dein Name fortdauern, Liliana. Wer hat das gesagt? Wer sagte »Und dein Geburtsdatum und das Datum deines Todes«? Sprachen wir diese Sätze aus, oder hörten wir sie bloß: »Dein Name wird hier bleiben, und später wird er hier verblassen und Platz machen für einen anderen Namen, einen anderen Schlüssel, der eine weitere Welt öffnen kann«? Wir saßen beisammen und erzählten einander Anekdoten – damals, als sie sich mit einer Blume in der Hand in den Pavillon eines Parks setzte, um ihre Blüten zu zählen; als sie sich im Schwimmbad bei einem Sprung ins flache Wasser den Kopf stieß; die Art, wie sie Topf und Hüften schwenkte, wenn sie Popcorn machte –, während der Schlamm sich majestätisch öffnete und sich ebenso großzügig wieder schloss und jedes Zeichen in sich aufnahm.

Die Erde bewahrt, archiviert, verleiht Unsterblichkeit.

Die Erde ist Liebe.

Eine Klinge wird zu einem Blatt

Verspürt die Erde Schmerzen? Nimmt die Erde es ihm übel, wenn ein Yup´ik-Mädchen beim Zeichnen einer Warngeschichte den Schnee oder den Schlamm mit dem Geschichtenmesser aufschlitzt, stöhnt sie auf oder klagt, wenn auch nur ganz leise? Das fragten wir uns. Als der Künstler Saúl Hernández-Vargas eine zeitgenössische Interpretation des arktischen Geschichtenmessers entwarf, wurde die Klinge zu einer bedeutungsschweren Angelegenheit. Endlos redeten wir über die Geschichte und Nutzungsformen des Messers, über seine unterschiedlichen Bedeutungen, den Charakter der Mädchen, die es geschickt und genussvoll in die Erde stießen, doch immer wieder kamen wir auf die Klinge zurück. Auf die Schneide. Brauchte es eine scharfe Klinge, um die Namen der Frauen in den Schlamm zu schreiben, die doch durch den Femizid bereits tödlich verletzt worden waren? Würden wir nicht trotz aller guten Absichten die Wunde reproduzieren und die Brutalität verstärken, zu ihrer Marionette werden? Wir fragten uns, ob es angemessen war, unserem Messer eine scharfe Schneide zu geben, die ja gemeinhin benutzt wird, um etwas aufzureißen und Schmerz zuzufügen, wo wir doch die Namen unserer Liebsten in die schützenswerte Erde ritzen wollten. Es muss einen Weg geben, diese Frauen zu ehren, überlegten wir, sie anzurufen und unsterblich zu machen, ohne ihnen weiteren Schaden zuzufügen.

Saúl suchte in Trödelgeschäften bei uns in Houston wochenlang nach gewöhnlichen Küchenmessern. Rostfreier Stahl. Versilbert. Titan. Keramik. Plastik. Er sammelte sie alle und ordnete sie der Größe nach auf dem Tisch in seinem Atelier. Es war eher ein Experiment als ein Plan. Ist es möglich, ein Messer zu ent-klingen? Er versuchte, sich klingenlosen Messer vor Augen zu führen, wie man sie ins Flugzeug mitnehmen darf, und stumpfe Messer, mit denen man nach Jahren übermäßigen Gebrauchs in vielfrequentierten Küchen nicht mehr schneiden kann. Er scheiterte, versuchte es noch einmal, scheiterte wieder, bloß besser und entschlossener, ganz im Sinne Becketts.

Blades of grass (»Grasklingen«) nennt Lady Gaga Grashalme in einem Song, während Walt Whitman Mitte des neunzehnten Jahrhunderts von *leaves of grass* (»Grasblätter«) spricht. Der sprachliche Unterschied mag englischen Muttersprachler*innen unbedeutend erscheinen, aber einem migrantischen Künstler, der einem Messer die Klinge nehmen wollte, erschien er gewaltig. Es war keine Frage der Schärfe, sondern des Materials. Also verließ Saúl die Welt der spitzen Second-Hand-Objekte für das biegsame Reich der grünen Flora. Aus Messing und Kupfer gestaltete er zwei Geschichtenblätter und einen Geschichtenzweig, deren weiche, geschwungene Formen sich dem Schlamm sanft näherten und Lilianas Namen zeichneten, als streichelten sie die Haut der Erde. Langsam lockerte der Schlamm seinen Griff, und langsam stieg ihr Name in feinen Rillen an die Oberfläche, die wir sorgfältig mit den Handflächen ausformten. Wie funktionale Schreibgeräte lagen die Geschichtenblätter und der Geschichtenzweig elegant und regungslos auf dem Schlamm. Wären die Yup´ik-Mädchen einverstanden? Würden sie diese verwandelten Messer annehmen und sie benutzen, um Geschichten von Leid und Mut zu skizzieren?

Ein mexikanisches Sprichwort sagt, man soll niemals eine Frau schlagen, nicht einmal mit einem Rosenblatt. So weich und zart ein Blütenblatt auch ist, es kann doch zu einem Werkzeug der Grausamkeit werden, wenn damit wütend herumgefuchtelt oder es in demütigender Absicht eingesetzt wird. So lehren es uns die Ahnen. Für Blätter und Zweige gilt das sicher ebenso. Aber mit der Präsentation der Geschichtenblätter und des Geschichtenzweigs möchten wir für Freundlichkeit, Widerstandsfähigkeit und Zusammenhalt werben. Vielleicht kann ein Blatt die Blatthaftigkeit in uns hervorbringen, ein Zweig unsere Zweighaftigkeit. Immer an einen Stiel gebunden, sind Blätter die Hauptorgane der Photosynthese und Transpiration, die wahren Lungen unserer Erde, während Zweige, diese schlanken hölzernen Triebe, biegsam und weich sind.

Lasst uns die Namen unserer Toten mit der widerstandsfähigen Verbundenheit der pflanzlichen Welt zeichnen.

Ein Kinderspiel

Wir zwei sind keine Yup´ik-Mädchen, die an einem bedeckten Tag im März mit dem Geschichtenmesser in der Tasche durch den Schnee zum Flussufer am Dorfrand laufen. Wir lachen, aber nicht im klaren Rhythmus leichter Schritte, die von Freiheit künden, sich vereinen und im Gleichklang im Schlamm tanzen. Wir sprechen nicht ihre Sprache, wir sagen nicht *yaaruin* und würdigen jede Silbe, wenn wir das Geschichtenmesser umfassen und ebenso locker wie entschlossen in die feuchte Erde stoßen, zunächst die Umrisse eines Hauses zeichnen und dann kurze, klare Linien darin, die Männer und Frauen darstellen, und die Kreuze, die anzeigen, ob sie schlafen oder verstorben sind. Aber wir sitzen hier an diesem Batzen Schlamm, den wir am Fuße eines erloschenen Vulkans aus übelriechendem Wasser und loser Friedhofserde geformt haben, und reden ohne Unterlass, als hätten wir Kindheit und Pubertät nicht längst hinter uns gelassen, die Hände voller schmutziger Erde, die Gesichter besprenkelt mit Matsch, während die frühe Nachmittagssonne auf uns niederscheint. Eine wilde, elektrisierende Energie kommt mit voller Kraft von der Küste im Südwesten Alaskas bis zu uns ins Hochland von Zentralmexiko geflogen: Das ist der Wunsch, endlich zu erzählen; der Wunsch, in Worte zu fassen, was dazu verdammt war, verschwiegen zu werden, ob vom Staat oder von der Tradition; der Wunsch, die Worte selbst in diesen Prozess der Öffnung zu integrieren. Das Leuchten, das uns umhüllt, wenn Trauer zu Sprache wird, wenn Worte, zuvor unterdrückt oder schlicht nicht vorhanden, mit scharfem Blick die Welt betrachten. Die Entschiedenheit, für Gerechtigkeit zu kämpfen – nicht nur für die Gerechtigkeit im Sinne des Gesetzes, die die Ermittlungsbehörden so vielen von uns schon so oft verwehrt haben, sondern für jene andere, weiter gefasste Form der Gerechtigkeit, die länger währt und vielleicht kosmische Kraft hat. Die Gerechtigkeit, die Hand in Hand mit der Wahrheit und dem kollektiven Gedächtnis gedeiht und die manchmal treffend als wiedergutmachend bezeichnet wird. Es ist die Gerechtigkeit, die wir alle gemeinsam walten lassen, wenn wir uns darauf verständigen, einen Namen auszusprechen und damit zugleich ein ganzes Leben zu benennen, mit all seiner Intensität und seinem Reichtum, seinem Staunen, seinen Widersprüchen und auch mit seiner Zukunft. Die Gerechtigkeit, die uns zeigt, dass dieser Ort – hier, wo unsere Lieben sein sollten – kein leerer Raum ist. Hier lebt unsere Sehnsucht, unsere Fürsorge, unser hartnäckiges Beharren auf Unsterblichkeit.

Unsere Lieben werden bei uns bleiben, solange unsere Trauer andauert.

Die Musik legt weite Wege zurück, ihre frühen Keime sind tief im Herzen des Jazzkomponisten Matías Rivera de Hoyos – meines Sohnes – verwurzelt, wenn er Klänge auswirft, die auch Flügel sind, um sich selbst in diese Geschichte einzuweben, die auch ihn betrifft und tief berührt. Er war noch nicht auf der Welt, als wir Liliana an den Femizid verloren, aber sein Leben trägt die Spuren der Wut und des erzwungenen Schweigens, der Trauer und der Hoffnung, die den Grund unserer geteilten Geschichte bilden. Die Melodie transportiert jugendliches Gekicher, als sie von Alaskas Küste bis ins Hochland Zentralmexikos widerhallt und zwischen den Tönen Raum eröffnet für den Atem der Landschaft: Ein Vogel ehrt den Himmel, eine menschliche Stimme, weich wie eine Feder, das sanfte Plätschern von Wasser auf Staub. Die Partitur enthält auch die Zärtlichkeit, in die Liliana gebettet ist, in Ehrfurcht und Frieden gleichermaßen. Um den japanisch-amerikanischen Dichter Brandon Shimoda zu paraphrasieren: Auch wenn wir uns nach Gerechtigkeit sehnen, so wünschen wir doch unseren Lieben, frei von Leid in Ewigkeit ruhen zu können, für immer geschützt vor ihren Peinigern, selbst vor deren Namen.

Wahrscheinlich seid auch ihr keine Yup´ik-Mädchen, die sich mit einem Geschichtenmesser in der Hand auf den Weg zum Fluss machen. Oder doch? Wir haben an diesen Ort in Berlin ein paar Tabletts gebracht, auf denen aus einer Mischung aus Sand und Wasser eben jener samtige Schlamm entstanden ist. Mithilfe unserer Geschichtenblätter und unseres Geschichtenzweigs könnt ihr die Namen der

Frauen und Mädchen hineinschreiben. Wir wollen ihre Namen in diesem Ritual anrufen, das uns über die durchlässigen Membranen von Leben und Tod verbindet. Lasst uns Platz machen, damit sie zu uns kommen und sich niederlassen können, um an den Orten zu bleiben, an die sie gehören.

Sie sind hier, noch immer, und wir werden hier bleiben und unsterblich spielen.

Wiedergutmachung

BUNDESSTRAFGESETZBUCH, 14. Juni 2012, MEXIKO

NEUNZEHNTER TITEL

Straftaten gegen das Leben und die körperliche Unversehrtheit

Abschnitt V

Femizid

Artikel 325

Die Straftat des Femizids begeht, wer einer Frau

mit einem geschlechtsbezogenen Motiv ihr Leben nimmt.

Ein geschlechtsbezogenes Motiv liegt vor, wenn einer der folgenden Umstände zutrifft:

1. Das Opfer weist Anzeichen sexueller Gewalt jedweder Form auf;
2. Dem Opfer wurden vor oder nach der Tötung Verletzungen oder Verstümmelungen entehrender oder entwürdigender Art zugefügt oder an ihm wurden nekrophile Handlungen begangen;
3. Es liegen Beweise oder Hinweise aus dem familiären, beruflichen, nachbarschaftlichen, politischen oder schulischen Umfeld über jedwede Art von Gewalt des Täters gegen das Opfer vor;
4. Zwischen Täter und Opfer bestand Bluts- oder Wahlverwandtschaft oder eine emotionale, freundschaftliche, berufliche, schulische oder sonstige Vertrauens- oder anderweitige Beziehung;

5. Es gibt Beweise für direkte oder indirekte Gefährdungen, die in Bezug zur Tat stehen, Nötigung oder Körperverletzung des Täters gegen das Opfer;
6. Das Opfer wurde isoliert oder gefangen gehalten, unerheblich für wie lange vor der Tat;
7. Der Körper des Opfers wurde an einem öffentlichen Ort zur Schau gestellt, abgelegt oder entsorgt oder
8. Der Täter hat das Opfer zu Handlungen oder Arbeiten gezwungen oder es auf andere Weise ausgebeutet.

Wer die Straftat des Femizids begeht, wird mit einer Freiheitsstrafe von vierzig bis sechzig Jahren und mit fünfhundert bis eintausend Tagessätzen Geldstrafe belegt.

Die Strafe erhöht sich um bis zu einem Drittel, wenn das Opfer minderjährig, schwanger, im Rentenalter, körperlich oder geistig beeinträchtigt ist, ebenso, wenn der Täter im Staatsdienst steht und die Tat im Dienst verübt hat.

Neben den hier aufgeführten Strafen verliert der Täter jegliche Rechte in Bezug auf das Opfer, das Erbrecht eingeschlossen. Sofern er darüber verfügte, verliert der Täter auch jedes Recht in Bezug auf die Kinder des Opfers. Das Kinderschutzgesetz steht über dem Elternrecht des Täters.

Ein Staatsdiener, der absichtlich oder fahrlässig die Strafverfolgung oder Rechtsausübung verzögert oder behindert, wird mit einer Freiheitsstrafe von drei bis acht Jahren sowie mit fünfhundert bis eintausendfünfhundert Tagessätzen Geldstrafe belegt. Er wird außerdem vom Dienst suspendiert und darf für drei bis zehn Jahre kein Staatsamt mehr ausüben und keine Stelle im öffentlichen Dienst bekleiden.

Aus dem Englischen von
Johanna Schwering

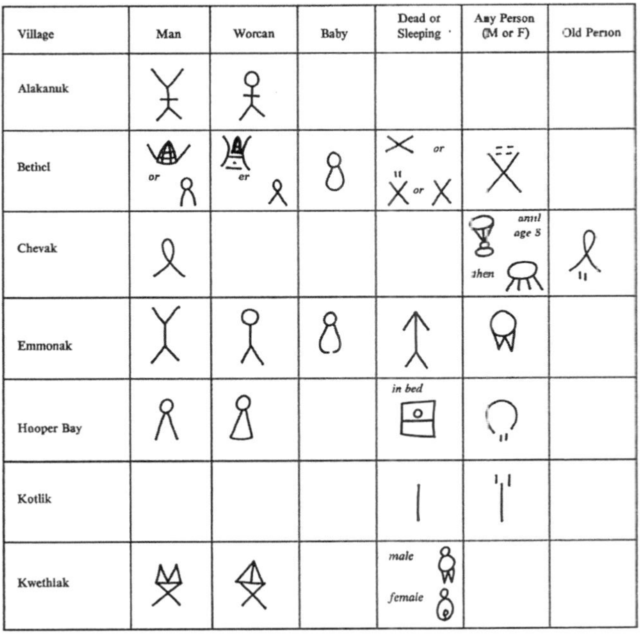

Zeichen für die Geschichtenmesser der Indigenen Kulturen Nordamerikas

Cristina Rivera Garza im Humboldt Forum

Bildnachweis

S. 5: Staatliche Museen zu Berlin, Ethnologisches Museum, Foto: Claudia Obrocki | S. 16, 69: Stiftung Humboldt Forum im Berliner Schloss, Foto: Johannes Berger | S. 17: © Saúl Hernández-Vargas / Stiftung Humboldt Forum im Berliner Schloss, Foto: Johannes Berger | S. 18, 19: © Marisol Cid Gonzáles | S. 67: Lynn Price Ager, »Storyknifing: An Alaskan Eskimo Girl's Game«, *Journal of the Folklore Institute*, Bd. 11, Nr. 3, 1975, S. 196; Indiana University Press

Priya Basil
Eingeschlossen / Ausgeschlossen

Aus dem Englischen von Beatrice Faßbender

Kaum ein Bauwerk ist so umstritten wie das neue Berliner Schloss, in dem sich das Humboldt Forum befindet. Viele fragen sich, warum ein kaiserliches Schloss im Zentrum Berlins wiedererrichtet wurde und warum das Gebäude nun Ausstellungsort für die oft gewaltsam angeeigneten ethnologischen Sammlungen der Stiftung Preußischer Kulturbesitz ist. Die Schriftstellerin Priya Basil verknüpft den Wiederaufbau des Schlosses mit ihrer persönlichen Geschichte und fragt, was ein solcher Bau für das Verständnis der Vergangenheit und die Zugehörigkeit in der Gegenwart bedeutet. »Das deutsche Wort ›Schloss‹ bezeichnet einen Palast, aber auch einen Verschluss oder Riegel. Die entscheidende Frage lautet: Kann ein Schloss auch ein Schlüssel sein?«

Léonora Miano
Damen auf dem Thron

Aus dem Französischen von Claudia Hamm

»Meist ist es die Macht von Männern, an die erinnert wird.« Mit diesen Worten eröffnet Léonora Miano ihre Erzählung um Mandu Yenu, einen Thron aus dem alten Königreich Bamum (heute Kamerun). Lange war das Objekt als »Geschenk« von König Njoya an Kaiser Wilhelm II. bezeichnet worden. Miano liest »zwischen den Zeilen von Perlen und Kaurimuscheln«, um die Komplexität der Kolonial- und Geschlechterbeziehungen aufzuzeigen. Sie entdeckt, dass Mandu und Yenu königliche Ehefrauen in Bamum waren. Schon der Name des Objekts deutet darauf hin: Es ist die Macht der Frauen, an die wir uns erinnern sollten.

OBJEKTE WIDERSPRECHEN

Meena Kandasamy
Eine Weise, eine Kriegerin

Aus dem Englischen von Milena Adam

Das Mithuna-Paar, eine Elfenbeinskulptur des 17. Jahrhunderts aus Tamil Nadu (Indien), stellt Liebende dar. Meena Kandasamy zeigt, dass Kaste und Klasse ebenso unauslöschlich in das Objekt eingraviert sind wie seine physischen Details. Um dieses nur scheinbar idyllische Paar herum entwirft die Autorin eine Welt voller Möglichkeiten und verbindet sie mit persönlichen und politischen Geschichten: Wer darf wen lieben? Mit großer erzählerischer Kraft und in einem erstaunlichen Stilmix – X-Nachrichten, philosophische Reflexion, Poesie, Memoiren – lässt sie das Objekt sprechen und widersprechen.

Rawi Hage
Der Ruf

Aus dem Englischen von Bernhard Robben

Durch eine der Turfan-Ausgrabungsexpeditionen kam nach 1900 das Fragment einer in Uigur und Alttürkisch verfassten manichäischen Schrift ins Museum für Asiatische Kunst nach Berlin. Sie stammt aus der Region der Nördlichen Seidenstraße, der heutigen autonomen Region Xinjiang-Uigur in China. Diese »losen Blätter« haben Rawi Hage inspiriert: »Ich wurde unweit von Byblos im Libanon geboren. Das antike Byblos hält man für jenen Ort, an dem das erste Alphabet erfunden wurde.« Die Begegnung mit dem seltenen und kostbaren Manuskript, seinen vielschichtigen und vielfarbigen Wörtern, lässt Hage über die Bewegung, Entwurzelung, Verschleppung und Migration von Objekten und Menschen nachdenken.

OBJEKTE
WIDERSPRECHEN

Madeleine Thien
Die Handwerker

Aus dem Englischen von Anette Grube

Die kanadische Schriftstellerin Madeleine Thien betrachtet das Fragment einer Wandmalerei mit »Drei Uigurischen Prinzen« aus einer der Bezeklik Höhlen der Nördlichen Seidenstraße, der heutigen autonomen Region Xinjiang-Uigur in China. Diese berühmteste Stifterdarstellung der uigurisch-buddhistischen Kunst kam nach der zweiten deutschen Turfan-Expedition (1904–1905) in die Berliner Museen. Ihren prächtigen Farben und ausdrucksstarken Linien begegnet Thien mit einem literarischen Text. Sie versetzt uns in das tägliche Leben der Maler, die die Höhlen im 10. Jahrhundert mit ebenso lebensnahen Wandgemälden ausgestattet haben, und fragt: Gibt es eine autonome Republik der Kunst, die Zeiten und Orte überdauert?

Maaza Mengiste
Von allgemeinem Interesse

Aus dem Englischen von Aziza Kasumov

Der britische Äthiopienfeldzug 1868 und das Niederbrennen der Bergfestung Magdala haben die äthiopische Schriftstellerin und Fotografin Maaza Mengiste zu ihrer Erzählung *Von allgemeinem Interesse* inspiriert. Mengiste, die derzeit in New York lebt, denkt über die Reise eines kunstvoll gefertigten königlichen Umhangs aus Äthiopien nach. Es ist ein Weg aus den Wirren der Schlacht, durch Feuer, ein Weg über die Berge, über das Wasser – bis nach Berlin. Mengistes Werk holt Stimmen und Geschichten ans Licht, die bisher ausgeklammert wurden, Leerstellen, die unerklärlich scheinen, Bilder, Gegenstände und Orte, die von einer unbewältigten Vergangenheit durchzogen sind.

Whiti Hereaka
He Heru. Ein Kamm

Aus dem Englischen von Johanna Schindler

Aus einem scheinbar einfachen Kamm schafft die preisgekrönte Roman- und Theaterautorin Whiti Hereaka ein Spiegelbild der Ehrfurcht und Schönheit. Ihr Text ist in neun Abschnitte gegliedert: ›ein Teil für jeden Zahn und ein Teil für jede Lücke zwischen ihnen«. Die Teile erzählen von Liebe, Verlust und Sehnsucht. Sie erzählen Geschichten von Walen, aus deren Knochen Objekte hergestellt wurden. Über einen Schnitzer, der einen Kamm herstellt. Sie erzählen von Māori-Göttern und der Macht der Frauen. Von kolonialen Walfängern, die ihre Beute im Südpazifik fast bis zur Ausrottung der Tiere fischten. Sie erzählen nicht zuletzt von einer Schriftstellerin, die sich die Haare schneidet und durch die Welten zieht, um Verbindungen zu weben.

Eliana Hernández-Pachón
Schwebende Gewässer

Aus dem Spanischen von Rike Bolte

Schwebende Gewässer ist ein poetischer Essay, der vier Objekte miteinander verbindet: ein aus Schilf geflochtenes Todesfloß, das an der falschen Stelle an Land gespült wurde. Das goldene Muisca-Floß, welches die Legende von »El Dorado« heraufbeschwört. Amazonische Flöten aus Palmen, die nur von Männern gesehen werden können. Und ein dünnes Blatt Papier, das für Aufzeichnungen im Museum verwendet wird. Die kolumbianische Schriftstellerin Eliana Hernández-Pachón erkundet die verschiedenen Welten dieser Objekte. In etlichen Stimmen, solo und im Chor, erzählt sie, was Pflanzen enthüllen – und was sie verbergen. Und sie fragt, was es bedeutet, zu besitzen, zu bewahren, loszulassen.

Herausgegeben von der Stiftung Humboldt Forum im Berliner Schloss

Konzeption: Priya Basil
Projektleitung: Katharina Kepplinger
Koordination und Textredaktion: Susanne Müller-Wolff
Bildredaktion: Barbara Martinkat

Ein herzlicher Dank an Fränze Czaja, Han Song Hiltmann und Jan Linders (SHF) sowie an Monika Zessnik (SMB) für ihre Unterstützung.

Der Beauftragte der Bundesregierung für Kultur und Medien

Gefördert vom Beauftragten der Bundesregierung für Kultur und Medien aufgrund eines Beschlusses des Deutschen Bundestages.

 Die Deutsche Nationalbibliothek verzeichnet diese Publikation in der Deutschen Nationalbibliografie, detaillierte bibliografische Daten sind über www.dnb.de abrufbar.

ISBN 978-3-0358-0908-4
Layout, Satz: 2edit, Zürich
Druck: Pustet, Regensburg

DIAPHANES – Schöneggstrasse 5 – 8004 Zürich
DIAPHANES Berlin – Dresdener Strasse 118 – 10999 Berlin – kontakt@diaphanes.net